Made in the USA
Middletown, DE
15 June 2022

67186261R00073